O CHICO BENTO CHAMOU A TURMINHA PARA APRENDER OS NUMERAIS DE 0 A 10. PARA COMEÇAR, VAMOS DAR LINDAS CORES A ELES?

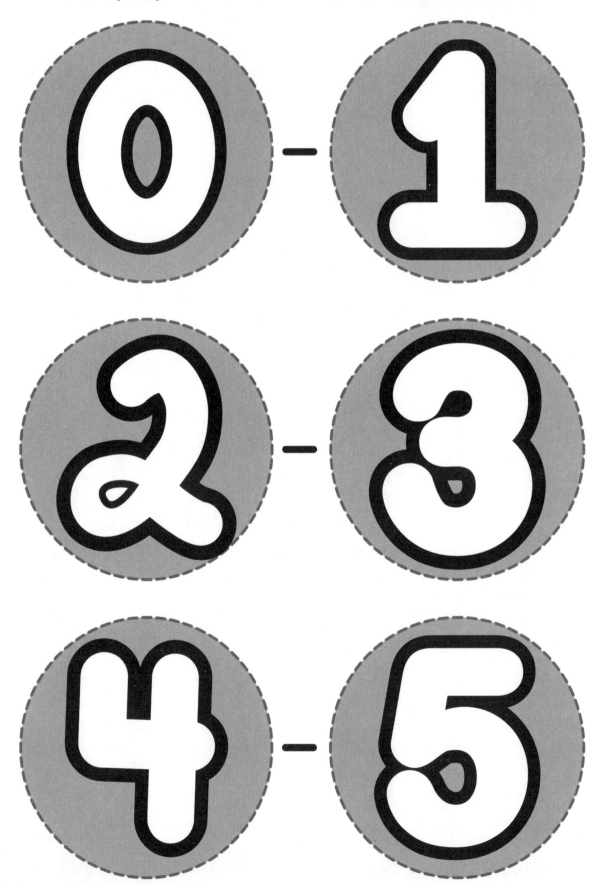

APRENDA A REPRESENTAR OS NÚMEROS, OBSERVANDO-OS COM ATENÇÃO E SEGUINDO OS TRACEJADOS.

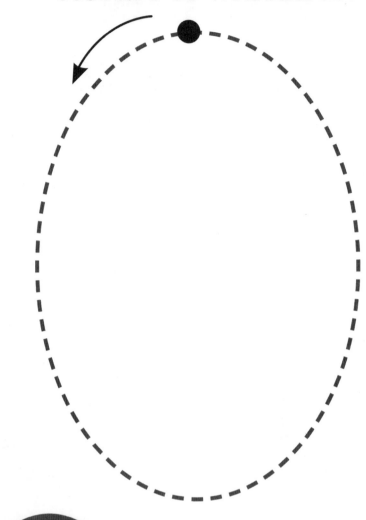

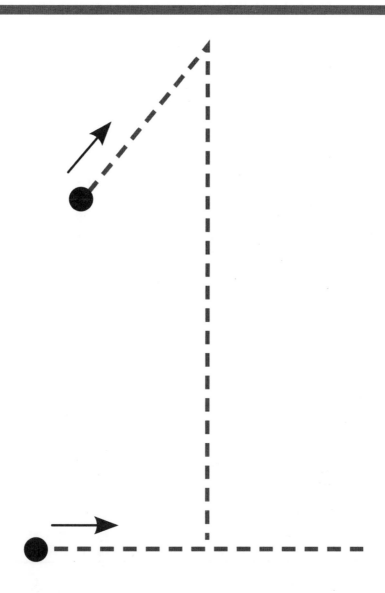

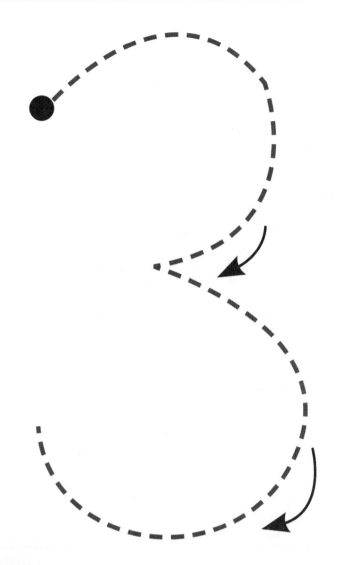

3
TRÊS

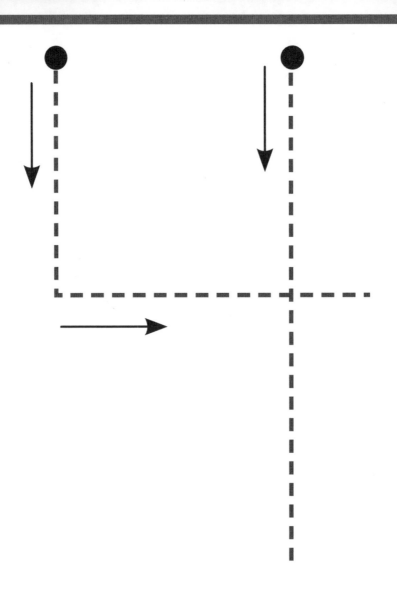

QUATRO

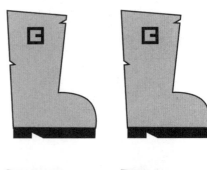
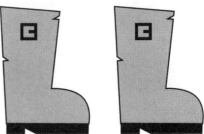

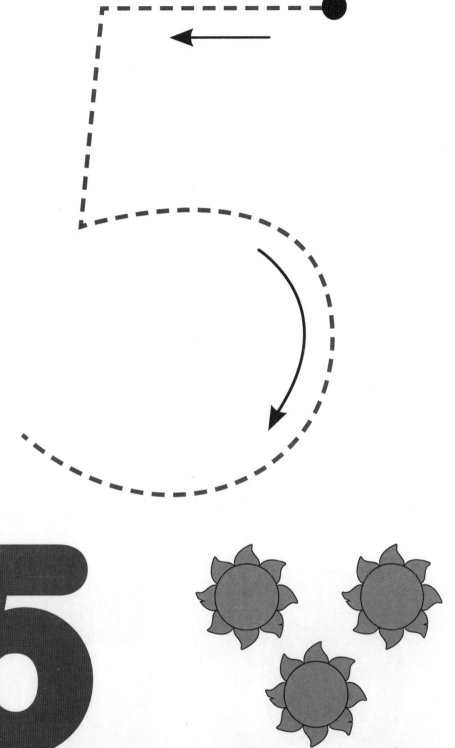

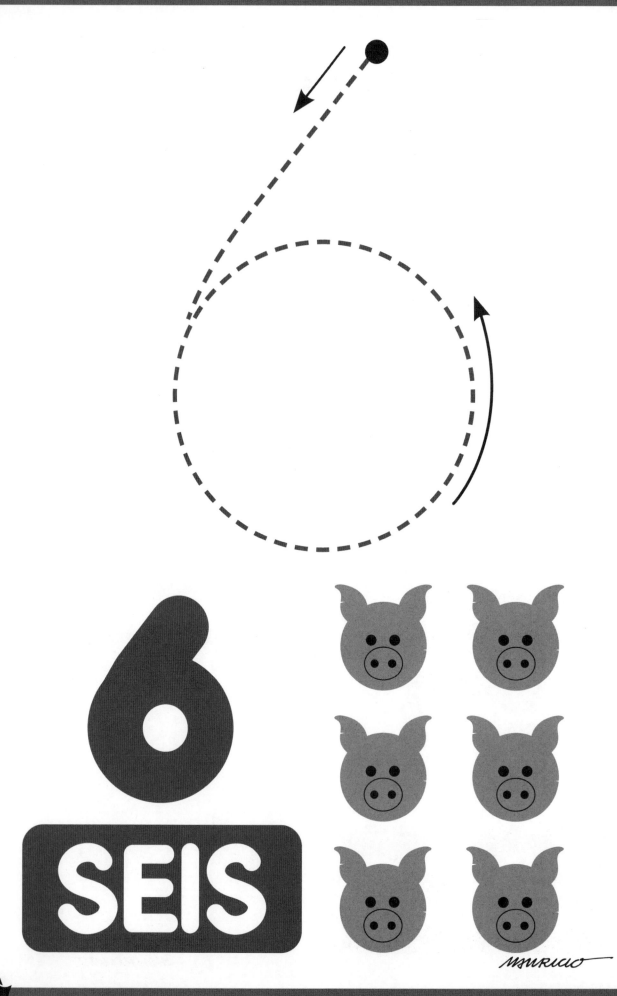

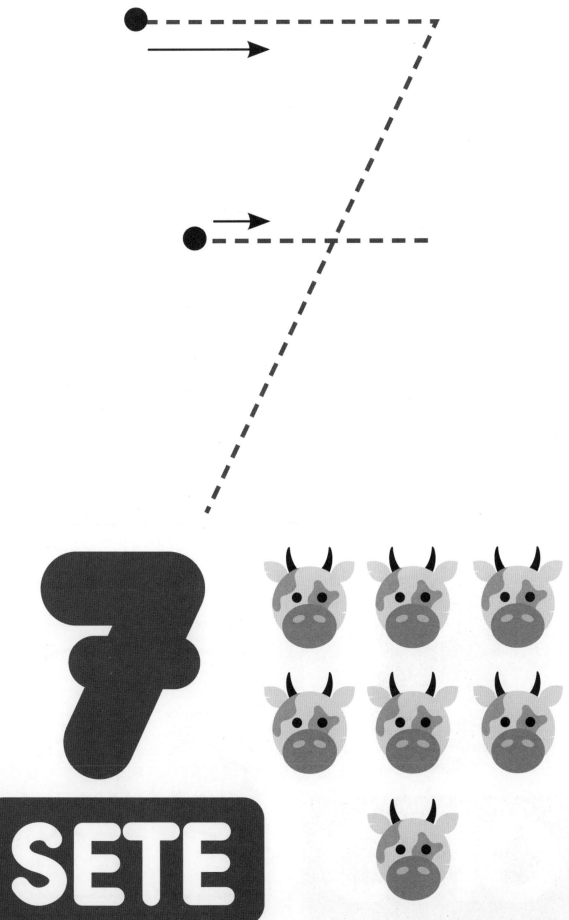

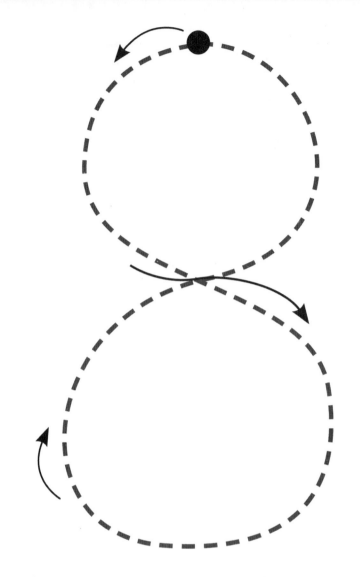

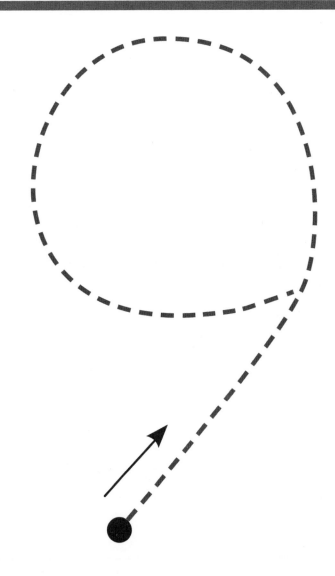

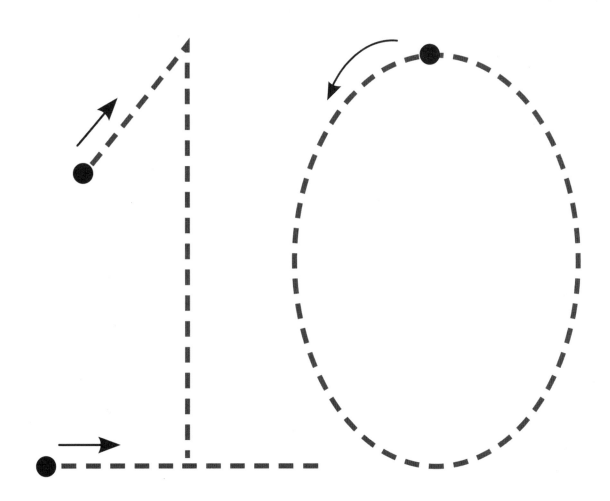

DONA MAROCAS VEIO ENSINAR O NÚMERO **ZERO**.
É HORA DE ACOMPANHAR OS TRACEJADOS!

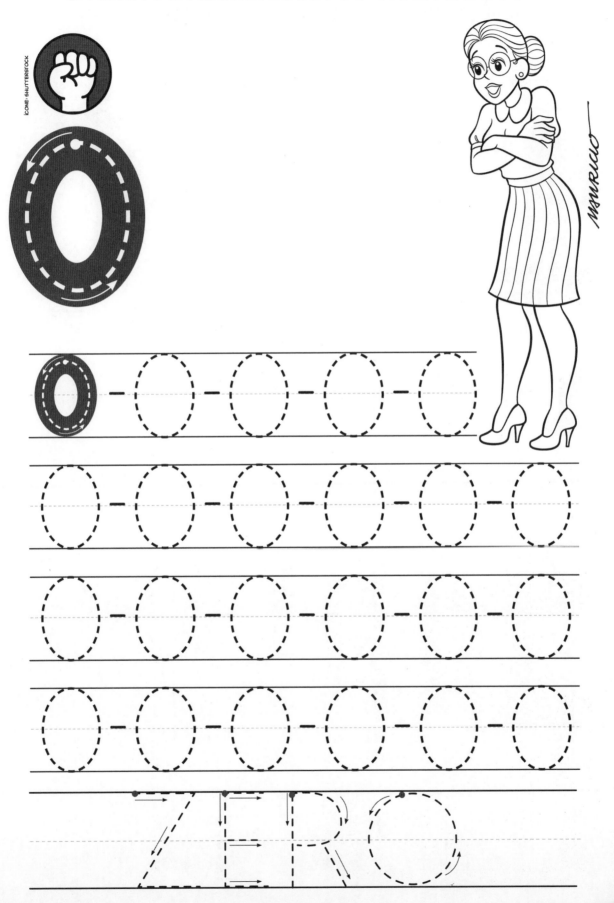

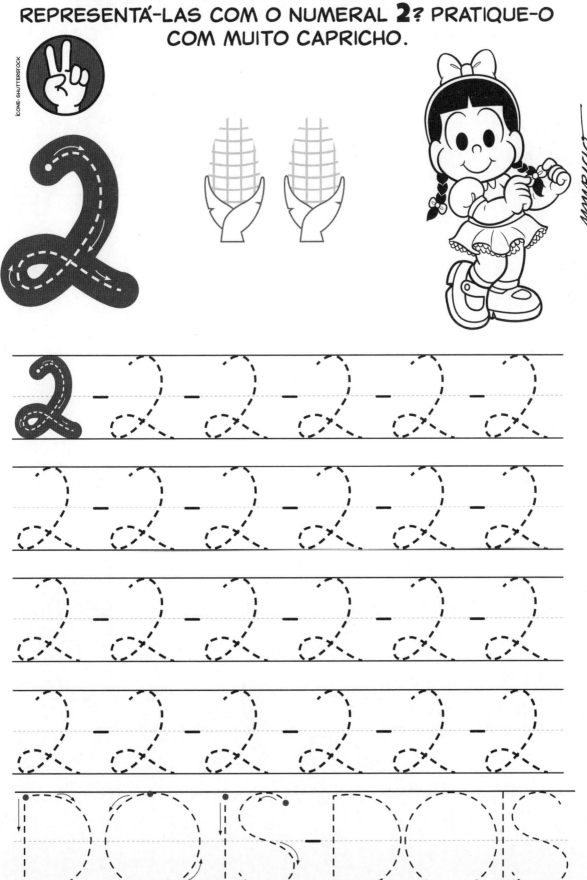

ZÉ LELÉ GANHOU **TRÊS** CARRINHOS DE PRESENTE E VAI CHAMAR OS AMIGOS PARA BRINCAR! ENQUANTO ISSO, VAMOS REPRESENTÁ-LOS COM O NUMERAL **3** E SEGUIR AS SETINHAS PARA DEIXÁ-LOS PRONTINHOS?

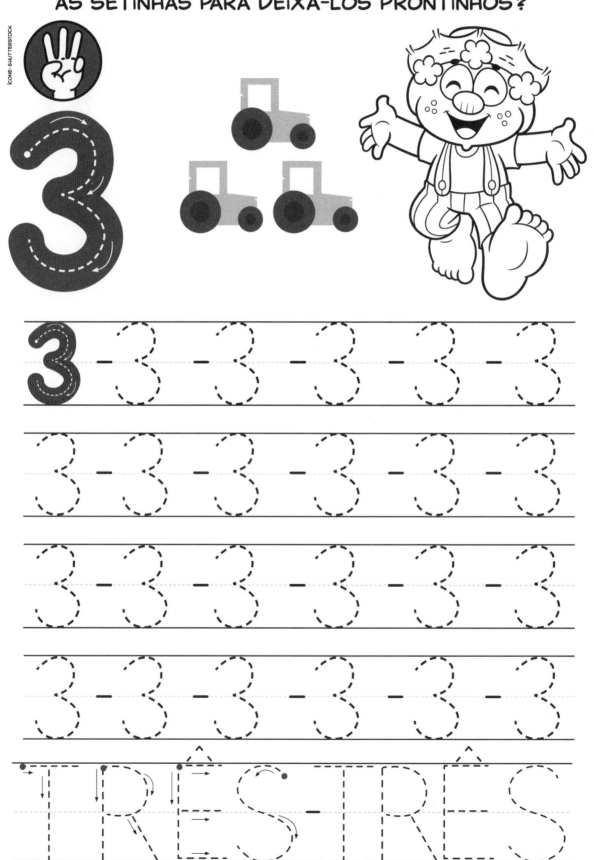

ZÉ DA ROÇA NÃO PERDE UMA BOA COLHEITA. HOJE, ELE TROUXE QUATRO CENOURAS SUCULENTAS PARA O ALMOÇO. PARA REPRESENTÁ-LAS, VOCÊ APRENDERÁ A FAZER O NUMERAL 4.

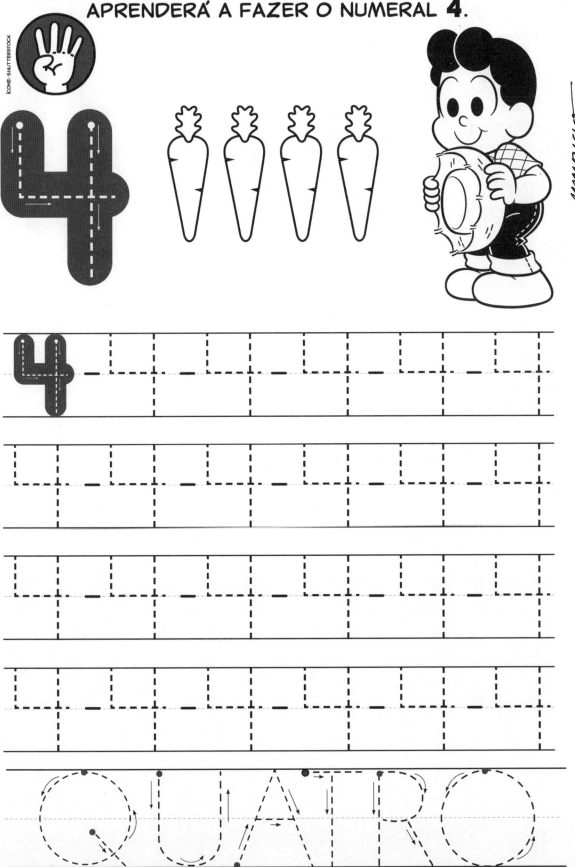

NHÔ LAU ESTÁ DESCONFIADO, POIS **SEIS** GOIABAS QUE ELE ACABOU DE COLHER SUMIRAM. SERÁ QUE FOI O CHICO BENTO? ENQUANTO ELE DESCOBRE, VAMOS PRATICAR O NUMERAL **6**?

NA AULA DE HOJE, DONA MAROCAS GANHOU **SETE** MAÇÃS DO CHICO BENTO. SERÁ QUE ELE VAI SE EMPENHAR DA MESMA FORMA PARA TIRAR NOTA **7** NA PROVA? ENQUANTO ISSO, É HORA DE TREINAR A CALIGRAFIA DESTE NUMERAL!

HOJE, O RIBEIRÃO ESTÁ LOTADO DE PEIXES! ZÉ LELÉ PESCOU **OITO** DELES! APROVEITE PARA APRENDER A ESCREVER O NUMERAL **8**.

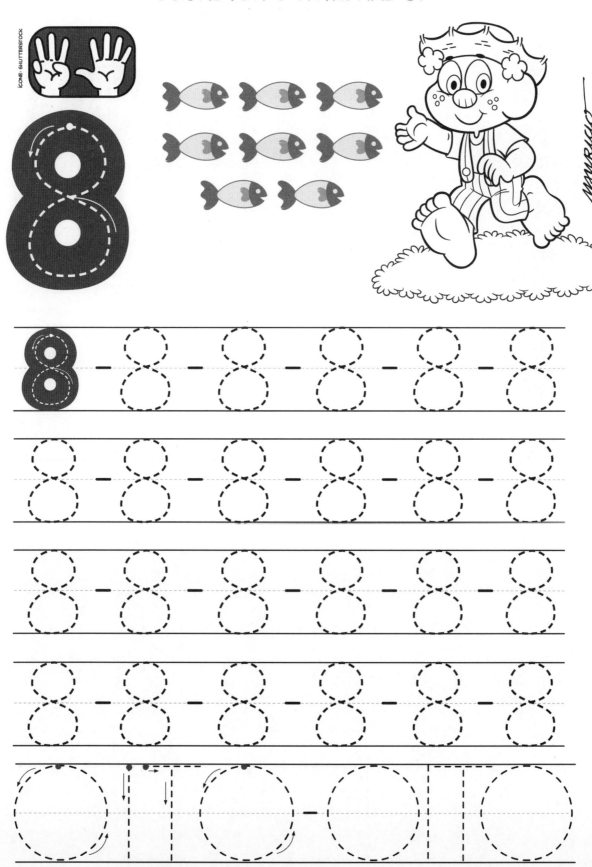

A ROSINHA ESTÁ TÃO ANIMADA COM A FESTA JUNINA NA ROÇA, QUE COMPROU **NOVE** LAÇOS PARA USAR! ELA VAI FICAR AINDA MAIS FELIZ SE VOCÊ SOUBER ESCREVER O NUMERAL 9.

PARA AGRADAR A ROSINHA, CHICO BENTO COLHEU **DEZ** LINDOS GIRASSÓIS. AGORA, SÓ FALTA VOCÊ MOSTRAR QUE JÁ SABE ESCREVER O NUMERAL **10**.

ROSINHA ESTÁ ARRUMANDO OS VASINHOS COM FLORES QUE O CHICO BENTO DEU PARA ELA. QUAL DELES PODE SER REPRESENTADO COM O NÚMERO **ZERO**?

DOS OVOS QUE A GISELDA CHOCOU, NASCERAM MUITOS PINTINHOS, MAS SÓ UM ESTÁ SOZINHO. CIRCULE-O QUANDO ENCONTRÁ-LO.

NHÔ LAU TEM MUITO ORGULHO DO SEU POMAR! VAMOS COLORIR PRIMEIRO A GOIABEIRA QUE CONTÉM CINCO GOIABAS?

A NOITE ESTÁ AGRADÁVEL PARA O DESCANSO DO CHICO! CONTE QUANTAS NUVENS EXISTEM NO CÉU E DESENHE AS QUE FALTAM PARA COMPLETAR A QUANTIDADE QUE REPRESENTE O NUMERAL **9**.

VAMOS AJUDAR O ZÉ LELÉ A COMPLETAR A SEQUÊNCIA NUMÉRICA ABAIXO?